GRAND MASTER

Junior
Su Doku

GRAND MASTER
Junior Su Doku

Compiled by Wayne Gould

Collins
An Imprint of HarperCollinsPublishers

Grand Master Junior Su Doku
Text copyright © 2005 by Wayne Gould
All rights reserved. Printed in the United States of America.

No part of this book may be used or reproduced in any manner whatsoever without written permission except in the case of brief quotations embodied in critical articles and reviews. For information address HarperCollins Children's Books, a division of HarperCollins Publishers, 1350 Avenue of the Americas, New York, NY 10019.
www.harperchildrens.com

Library of Congress Cataloging-in-Publication Data is available.
ISBN-10: 0-06-112412-5 — ISBN-13: 978-0-06-112412-9

1 2 3 4 5 6 7 8 9 10
❖
First American Edition

First published in 2005 by Times Books, HarperCollins Publishers

Contents

Introduction   page 7

Getting Started   page 8

Useful Tips for Cracking Su Doku
                                           page 9

Puzzles
6x6ers 1-10   page 15
Brain-teasers 1-40   page 29
Brain-twisters 1-40   page 73
Brain-squeezers 1-10   page 117

Solutions
6x6ers 1-10   page 133
Brain-teasers 1-40   page 143
Brain-twisters 1-40   page 183
Brain-squeezers 1-10   page 223

Introduction

It's not just adults who are going nutty over Su Doku. Children love the number-placing puzzles too. It doesn't matter if you're good at math or not: Su Doku will improve your mental math but, more importantly, it will help your logic, reasoning skills and every kind of problem solving.

Try the puzzles on the playground or in the classroom, for homework or with the family. Su Doku is fun, and it helps boost your brainpower!

Getting Started

If you have never tackled a Su Doku puzzle before, you can start with the smaller 6x6 grids. These puzzles are much easier to solve. Once you have cracked these, your warm-up is over, and you will be ready to attempt the larger 9x9 grids. There are 40 brain-teasers that will tickle your brain. Then there are 40 brain-twisters that will get you thinking really hard; you will need to be more patient to solve these. Finally, there are 10 brain-squeezers that are extra difficult and might take you some time to complete. Don't worry if you can't complete the brain-squeezers in one session. Sometimes it's better to take a rest and then try the brain-squeezer puzzle later, or another day when you are feeling fresh.

Under every Su Doku puzzle are two boxes for you to fill in. In the first box, fill in the time it took you to complete the puzzle. In the second box, fill in your record time for solving a Su Doku puzzle. Each time you start a new puzzle, see if you can beat your record time.

Useful Tips for Cracking Su Doku

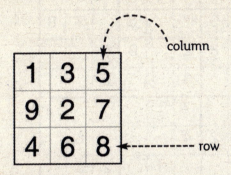

Here we have an example of a mini-grid

The aim of Su Doku is that every column, row and mini-grid must contain the numbers one to nine. It may sound easy, but it isn't! You could just guess where the numbers go, but if you guessed wrong you would get in a real mess. It's much more fun to use logic to work out the correct position of each number. On the next page are some tips to help you.

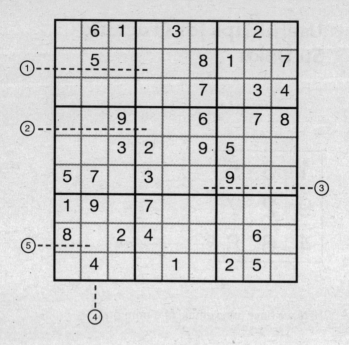

- Look at the top three mini-grids ①. The middle and right-hand mini-grids each contain a seven, so a seven must go in the left-hand mini-grid – but where exactly? The middle and bottom rows of the mini-grids each contain a seven, so the seven must go in the top row. There is now only one place that the seven can go – yes, you've guessed it, to the left of the number six.

- Look at the squares and work through each number, asking yourself: could it go here? Sometimes there is only one answer. Take the mini-grid at the center of this Su Doku and look at the square labelled ②. There's only one number that can be correct. It can't be nine – there's already one in that mini-grid, it can't be eight – there's already one in that row, it can't be seven, and so on. Once you've worked out an answer for that square, you can then try the square labelled ③. Ask yourself: what's missing?

- Now, take the second column from the left ④. It's already got a six, five, seven, nine and four. The one, two, three and eight are missing. Only one of those numbers can go in the square labelled ⑤. And, if you've followed the second tip above, there's only one number that can go in the fourth square down in the same column. The remaining missing numbers now have a logical place in the column.

Puzzles

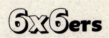

6x6ers

6		2			5
	1			6	
		3	6		4
4		1	5		
	2			5	
1			2		6

I finished this in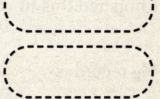

My record is

6x6ers

(2)

	6	4	2		
			5		4
6	2				3
3				2	5
4		2			
		6	4	5	

I finished this in

My record is

6x6ers

(3)

6					4
	5			2	
		4	5		
		2	4		
	3			4	
1					3

I finished this in

My record is

6x6ers

2	5				
			4		
			5	6	4
4	6	5			
		2			
				3	6

I finished this in

My record is

6x6ers

	5	4	6	3	
	1			6	
	6			4	
	4	6	5	1	

I finished this in

My record is

6x6ers

	3		5		6
	6				
		3		4	
	4		3		
				2	
3		1		5	

I finished this in

My record is

			2		5
6		2	3	5	
	5	1	6		2
2		6			

I finished this in

My record is

6x6ers

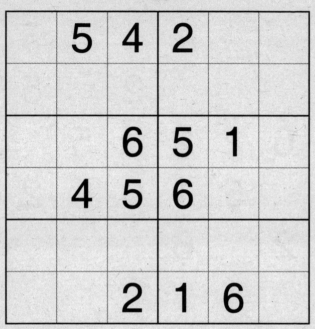

I finished this in

My record is

			1	6	5
	2		6		1
6		1		4	
5	4	2			

I finished this in

My record is

6x6ers

(10)

				6	5
		6	4		2
4		3	6		
5	1				

I finished this in

My record is

Brain-teasers

brain-teasers

	3	6			2		7	
1			7	8				9
		2	6			4		3
4			3		1	8	5	
	1			2			4	
	6	8	5		9			7
7		9			8	2		
3				5	6			4
	2		9			3	1	

I finished this in

My record is

brain-teasers

8	1	9			5			
		2				7	5	
	3	7	1		4		6	
4			5	9		1		
7			3		8			2
		3		6	2			7
	5		7		9	2	1	
	6	4				9		
			2			4	3	8

I finished this in

My record is

brain-teasers

③

	3	9		2	1		8	
8			7					2
		2			4	5		7
5		7	2		6		4	
9								1
	1		9		7	2		8
4		6	1			8		
3					8			5
	9		6	7		1	3	

I finished this in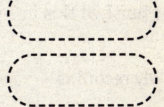

My record is

brain-teasers

		3		8	7	6	4	
	1					9		
9			6	2	1			8
3		2			5			
6		5	4		9	3		7
			2			8		4
7			1	4	6			5
		1					8	
	2	9	7	3		4		

I finished this in

My record is

brain-teasers

			4	2		9	3	
9		6		8		7		
	1			5	9	6	2	
5			3	4			9	
8								2
	3			1	7			6
	7	2	5	3			8	
		8		6		1		5
	5	4		7	8			

I finished this in

My record is

brain-teasers

	2	7		3	4			
	8		1		4		7	
1				5	6			2
5	6	4					1	9
		1		3		2		
2	9					7	8	4
4			5	6				3
	3		8		2		6	
		6	3		1	5		

I finished this in

My record is

brain-teasers

7					4		9	3
1		3	6				5	4
	8			7				2
		4	1		9		8	
			7	8	6			
	9		3		5	2		
5				6			1	
9	1				2	5		6
8	3		4					7

I finished this in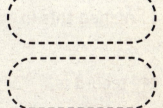

My record is

brain-teasers

6			3	5				4
	3					5	1	
	9	7			2	3		
		5	2	4	1			7
4			5		8			1
8			9	7	6	2		
		8	6			1	5	
	2	6					9	
3				2	4			8

I finished this in

My record is

brain-teasers

8	9		2		3		7	6
1			4				9	
	6	5	7			4		
4		3					6	7
			6		8			
2	8					5		9
		1			2	7	5	
	3				9			4
6	5		3		7		1	8

I finished this in

My record is

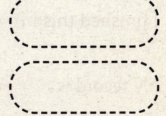

brain-teasers

(10)

1		2			8			9
	6						3	
		4	3	7		6		2
8			7	9	2	3		
		1	6		3	5		
		7	4	1	5			6
2		9		5	6	7		
	4						9	
5			2			8		1

I finished this in

My record is

brain-teasers

		4		1	5	7		
6	8		2	4				
2					7		6	3
	7	3	4				8	
8	2						4	6
	5				1	9	7	
1	6		7					5
				5	8		9	4
		9	3	2		8		

I finished this in

My record is

brain-teasers

	4	8	6			2		3
1					7		5	4
				2				1
		4	3					5
8		3	4		9	1		6
7					5	4		
4				6				
6	1		5					8
5		2			3	9	6	

I finished this in

My record is

brain-teasers

3			9			6	7	
6	8	5	3				1	9
				4		5		2
8		6			7		9	
		4				3		
	7		2			8		5
7		9		2				
2	1				6	7	5	4
	5	8			1			6

I finished this in

My record is

brain-teasers

	1		4	6		5	3	
8				2				9
5		2	3			4		
			5		3	6		7
4	2						1	3
7		6	2		9			
		9			7	3		1
3				8				6
	7	1		3	4		8	

I finished this in

My record is

brain-teasers

7			9			3	1	2
8		1	4		3			
6				7	5		8	
	7	2					6	9
		5		6		2		
9	8					4	7	
	4		5	3				6
			2		8	7		3
1	3	7			4			5

I finished this in

My record is

brain-teasers

(16)

	1	9	3				8	4
				7	4	3		
	5		9			6		2
5	6				2	1		
2			4		3			9
		8	1				3	5
6		2			9		5	
		7	6	3				
9	3				8	7	1	

I finished this in

My record is

brain-teasers

5			9		8			3
	9		7		3		2	
		1		2		9		
3	7			5			8	9
		5	2		9	1		
1	4			8			3	2
		7		9		3		
	8		5		6		4	
2			3		1			7

I finished this in

My record is

brain-teasers

(18)

				1	6	3		
	3		2	5		7	9	
9	8	6	4			1		
8						4	2	
1	4			2			3	5
	7	5						1
		8			1	2	7	3
	5	2		3	9		1	
		4	7	6				

I finished this in

My record is

brain-teasers

(19)

					9	7	5	
		3	1	8			2	
		4	2		7	1		6
	5				6		9	2
	8			7			4	
2	1		3				7	
7		1	5		8	9		
	3			4	1	8		
	4	5	6					

I finished this in

My record is

brain-teasers

8				1			4	3
4			6	8			7	
	5	9		4	2			
	6	4		7		3		1
			5		6			
5		3		2		6	9	
			3	6		5	8	
	2			5	1			9
7	3			9				4

I finished this in

My record is

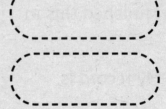

brain-teasers

9		8	5	4				6
	5		3		6	8	7	
	1							2
	6			2			9	7
7			4		3			1
8	3			7			6	
2							1	
	9	7	2		8		4	
6				9	4	7		5

I finished this in

My record is

brain-teasers

		4			9	5	2	
8		7			2			
9		3		1		6	7	4
6	8			4				
		1	9		7	2		
				2			8	3
4	7	9		5		8		1
			3			7		2
	3	6	1			9		

I finished this in

My record is

brain-teasers

7	6			5	3	1		
	3		8	2	9			
	4	9						5
				7			9	3
8	2		1		6		4	7
9	5		2					
1						3	8	
			7	4	2		6	
		4	3	1			5	2

I finished this in

My record is

brain-teasers

		3				5	7	
	8		2		4		6	
4	6			5		9		8
				3	7			1
9		2	4		8	3		7
5			9	1				
1		6		4			3	2
	7		1		6		4	
	2	4				6		

I finished this in

My record is

brain-teasers

					5	8	6	
1	9	8			7		5	
6				2	1		3	
4	5	3		9				
		7	2		8	5		
				5		9	7	6
	8		1	6				7
	7		5			4	1	2
		1	9	4				

I finished this in

My record is

brain-teasers

			1		8	3		
	8			9		1	4	
2	4		3		6			
3		9		5		4		2
	5		9		4		7	
1		4		2		8		9
			7		2		3	5
	3	5		8			6	
		6	5		1			

I finished this in

My record is

brain-teasers

9	5					7	8	
4		3		2				6
		1	8	9	3			
	3			6		5	7	4
			7		1			
2	7	6		8			9	
			6	1	4	8		
8				5		6		2
	4	5					3	9

I finished this in

My record is

brain-teasers

6			9		3			7
	9	4				5	6	
	1	8			4		2	
2				9	1	8		4
	6						5	
8		5	6	7				3
	2		3			9	1	
		7	8			2	4	
4			1		6			5

I finished this in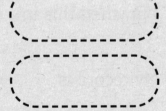

My record is

brain-teasers

		1		6	7			8
5	2		4					
3		7	1			2		9
9		6		2	8		7	
2								3
	4		5	7		6		1
7		9			2	4		6
					4		3	5
1			7	3		8		

I finished this in

My record is

brain-teasers

		4	9		8			2
		6	3	5			4	
	5	9		4		1		7
6	7					9		3
			5		1			
3		2					5	8
5		1		7		2	9	
	9			8	5	6		
4			1		2	3		

I finished this in

My record is

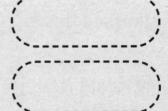

brain-teasers

		2		4	8			7
9		1	5			4		
8	6					1	3	
	3	5	6		9		7	
2								9
	1		3		2	5	4	
	4	7					6	3
		8			3	2		1
5			9	6		7		

I finished this in

My record is

brain-teasers

	7	9	3		6		5	
2			7		1	9		
	1	8			4			
7	5	6				2		
1	9						8	7
		4				6	3	5
			2			3	9	
		2	8		3			6
	8		9		5	1	4	

I finished this in

My record is

brain-teasers

	2					6	5	
6			4	3				8
7		9			2	1		
		4	8	7	5		9	
	3		1		9		8	
	9		2	4	3	7		
		8	3			2		1
9				8	1			3
	1	6					7	

I finished this in

My record is

brain-teasers

			5	3	4			
	4	3	6				9	
		8			9	5	3	
3		2		5			7	6
4			9		6			5
6	1			4		9		2
	2	9	7			8		
	5				3	1	6	
			4	1	8			

I finished this in

My record is

brain-teasers

	5	8		7	9		4	
9					1			7
		4	3			8		6
2	1		7			5		
6				9				3
		5			6		2	8
5		1			8	6		
7			5					2
	2		4	6		1	3	

I finished this in

My record is

brain-teasers

3			9			6	8	
					7	4	3	1
6	8				2			
		8		6			9	
2	6	9	5		8	7	1	3
	5			1		8		
			1				2	9
9	4	5	3					
	2	7			5			4

I finished this in

My record is

brain-teasers

8	4		9			5		6
	7						4	1
				1	2			9
	9			5	4			8
		6	2		1	7		
5			3	6			9	
9			8	3				
7	1						3	
3		2			5		8	7

I finished this in

My record is

brain-teasers

		8				4		
9	2		5					6
	1		9	4	7			
	8			1		5	9	7
	5	6		7		2	3	
4	9	7		5			8	
			2	6	3		4	
5					4		7	3
		9				1		

I finished this in

My record is

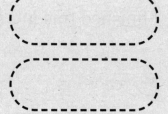

brain-teasers

		2			7	8		
	3	6	1	4			7	
1				6			4	9
9				1			5	
	7	4	5		8	2	1	
	2			3				4
2	1			7				8
	6			8	1	7	2	
		8	9			1		

I finished this in

My record is

brain-teasers

					6	8	3	
1			3		4	9		
5	9		1		7			
8	7	4	6		3	1	2	
	5	2	8		1	3	7	9
			7		9		8	2
		6	5		2			4
	2	1	4					

I finished this in

My record is

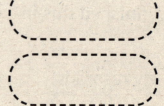

Brain-twisters

brain-twisters

		2	6					
	8			9		5	2	
	9				5			6
		9	1		2			4
	6			3			5	
1			4		7	9		
6			2				9	
	5	7		1			8	
					8	7		

I finished this in

My record is

brain- twisters

(2)

	9						4	
4			7	5	1			2
7			3		9			8
	4		5		3		1	
		2				8		
	8		1		6		9	
2			6		7			1
3			8	1	5			4
	6						7	

I finished this in

My record is

brain-twisters

3

		2			4	5		
	6				5		7	
4				7	8			3
2	7	1						
		8				2		
						7	1	9
5			8	3				2
	4		2				6	
		6	1			8		

I finished this in

My record is

brain-twisters

	3							1
		6	5	3	7	2		
		7				8		
	8	9	6		3	7	4	
	6						2	
	2	5	1		4	9	3	
		1				4		
		3	7	1	6	5		
	7						6	

I finished this in

My record is

brain-twisters

		2	5		4	6		
	4						3	
6			8		7			5
		8	6		1	4		
9								6
		5	9		3	8		
8			1		2			3
	1						2	
		9	4		5	7		

I finished this in

My record is

brain-twisters

6		5			2	3		
			3	5		2		
	2	3					1	
4	7		2				3	
			4		3			
	3				7		4	1
	8					5	2	
		1		6	4			
		4	7			1		6

I finished this in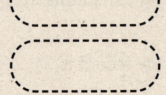

My record is

brain-twisters

7		3			9			2
	2				7		1	
		1				5		3
3	8			2				
			3		1			
				7			4	8
1		8				7		
	6		8				9	
9			7			2		6

I finished this in

My record is

brain-twisters

		8	2		1	3		
		7		3		2		
	4		9		5		6	
3			1	4	2			6
9			6	5	7			8
	2		7		8		4	
		4		2		6		
		9	3		4	8		

I finished this in

My record is

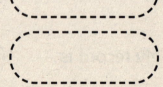

brain-twisters

		7				1		
	8			6			3	
	4		8	1	9		5	
3	5			9			4	8
6	1			7			2	5
	3		1	4	7		6	
	7			3			9	
		1				8		

I finished this in

My record is

brain- twisters

(10)

	3	4			6			
					4		3	
		8		3		7		4
		7	8	9			6	
3		5				1		2
	8			5	1	9		
7		9		1		6		
	6		4					
			7			2	1	

I finished this in

My record is

brain-twisters

	3		8		5		
1		4	3		7	9		6
			2		6			
9		8				7		3
	5						9	
6		1				4		5
		6		5			
3		6	4		2	8		1
		9		3		2		

I finished this in

My record is

brain-twisters

1	5	4	8					
	9					3		8
7			5			1		
4				9	6			
2			3		7			9
			2	4				6
	6			1				3
3	7						9	
					3	8	7	5

I finished this in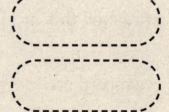

My record is

brain-twisters

(13)

7				1				6
	5					8		
8		6		3		7		5
	5		7		9		6	
	9						4	
	7		2		1		3	
5		3		8		2		9
		1				3		
4				2				1

I finished this in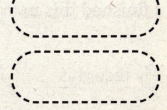

My record is

brain-twisters

	1	4		8	5		
4						6	
3		6	5	2		7	
9	4				7		6
		5		6			
5	7				3		2
	2		8	4	1		9
	9					3	
		6	2		9	8	

I finished this in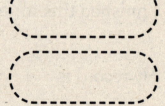

My record is

brain-twisters

		7						1
4	8			5				9
		3			7		6	
		4	3	2	9			
5			7		6			3
			5	4	8	9		
	2		1			6		
1				6			4	8
3						1		

I finished this in

My record is

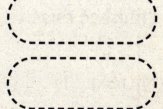

brain-twisters

16

	4			8		2		9
9					1			5
		8	5				7	
	3			1		8		
			9		6			
		6		4			1	
	7				8	5		
2			1					6
3		4		5			9	

I finished this in

My record is

brain-twisters

4			7			2		
5							8	
		2			4			5
		3	6				7	
		4	2	3	9	6		
	9				1	5		
8			3			1		
	7							4
		5			8			7

I finished this in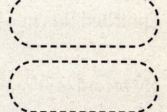

My record is

brain-twisters

1				7				
	6		4				7	1
		2		1		5	9	
		3	2				6	
7			5		9			3
	8				7	1		
	4	5		9		6		
9		1			4		7	
				2				4

I finished this in

My record is

brain-twisters

19

4		8				7		9
7		2	1		5	3		6
				4				
		5	6		7	1		
	4						9	
		9	4		8	2		
				6				
3		4	8		2	9		1
1		6				5		8

I finished this in

My record is

brain-twisters

	6	8		1		2	9	
4	5						7	6
		9				1		
			9		3			
	9	5	7		4	3	6	
			1		2			
		4				9		
5	8						4	3
	2	3		7		6	5	

I finished this in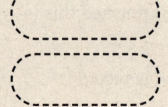

My record is

brain-twisters

3		2		1		7		
	1	7	3	2	4	5		
4			6					
		3	8					4
5					6	3		
					5			8
		1	4	6	8	9	7	
		9		3		6		2

I finished this in

My record is

brain-twisters

2		9	6					5
3				8		2		
							8	7
		5	3				2	9
		3	2		8	5		
4	2				9	3		
5	1							
		4		7				1
6					1	8		3

I finished this in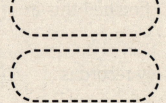

My record is

brain-twisters

			3		8			
	3		6	7	4		5	
7								2
	7	6		8		2	9	
3	1						7	4
	4	9		6		8	1	
9								1
	6		5	3	7		2	
			2		9			

I finished this in

My record is

brain- twisters

			3	7		4		
	6			8	4		3	
8					2			
	4	3						7
7	9						6	1
1						5	4	
			4					6
	7		8	9			1	
		8		2	5			

I finished this in

My record is

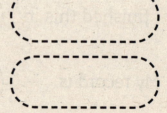

brain-twisters

	8		2		6		3	
4	6						9	7
5								8
2			6		4			5
			9		1			
7			3		8			2
3								9
1	9						6	3
	2		5		3		4	

I finished this in

My record is

brain-twisters

(26)

7								2
		9	1		6	8		
	8		5		9		7	
	5	2		8		6	3	
	9	3		6		2	1	
	1		6		5		9	
		5	7		2	3		
6								1

I finished this in

My record is

brain-twisters

1								4
	5	7		8		9	3	
	8		9		4		6	
9	1			7			4	5
6	3			2			9	8
	4		7		5		2	
	9	2		1		6	7	
8								1

I finished this in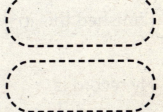

My record is

brain-twisters

(28)

	9						3	
1			3		6			4
3				1				7
2		6	4		1	7		3
	1						5	
9		7	5		8	6		2
7				5				6
5			1		4			8
	3						9	

I finished this in

My record is

102

brain-twisters

		8	5	9				
	2	4					5	
			3	6			2	1
5		2						
9		6		8		2		4
						9		5
8	1		3	6				
	5					6	7	
			9	7		4		

I finished this in

My record is

brain-twisters

3			1	8	6			2
1				9				8
		2		4		1		
	4	1				8	2	
	6	8				3	5	
		7		5		2		
6				2				1
2			3	1	4			7

I finished this in

My record is

brain-twisters

5			7		8			1
2			5	9	3			8
4								9
	6		8		9		4	
		2				1		
	9		2		6		3	
6								3
1			4	3	7			2
9			6		5			4

I finished this in

My record is

brain-twisters

32

4	6						1	2
		9		6		7		
	8		2		9		6	
	9	7				8	2	
			5		3			
	4	3				1	9	
	1		8		4		7	
		6		7		4		
3	7						8	9

I finished this in

My record is

brain-twisters

3	9						7	2
	8		4		3		5	
			7		2			
8			2	6	9			3
	2						6	
9			8	1	4			7
			5		7			
	3		9		6		8	
7	5						3	6

I finished this in

My record is

brain-twisters

		8						
1	6			2				
			4		8		7	3
3					4	5		1
2	1						3	9
5		9	7					4
7	5		6		9			
			5				9	6
					8			

I finished this in

My record is

brain-twisters

	8		1	2	4		6	
			9		7			
1								5
4	6	7				2	1	3
		3				6		
9	1	5				4	7	8
3								2
			5		8			
	4		3	6	2		9	

I finished this in

My record is

brain-twisters

36

	4		2		1		8	
2	9			6			5	4
		8				9		
			9	7	5			
9				4				2
			8	3	2			
		2				8		
5	3			8			1	7
	1		3		9		6	

I finished this in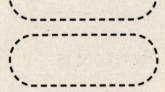

My record is

brain-twisters

			9	7	8			
9		2	5		4	3		7
		8				1		
1	2						9	6
			7		6			
6	5						7	8
		5				9		
3		9	6		5	7		1
			1	4	9			

I finished this in

My record is

brain-twisters

38

6	8						9	3
	3		6		4		1	
1				2				5
	7	1		5		3	2	
	9	8		7		6	4	
8				4				6
	5		9		7		8	
7	6						5	2

I finished this in

My record is

brain-twisters

		9	5		6	4		
		4	3		8	7		
	8						9	
1		8				5		9
2			8		7			4
6		7				1		8
	5						1	
		3	1		2	8		
		1	4		9	3		

I finished this in

My record is

brain-twisters

		8	9	6				
	6				4	7	1	
	1							9
	2			4				1
7			6	3	9			5
8				5			4	
4							9	
	3	2	8				5	
				9	3	8		

I finished this in

My record is

Brain-squeezers

brain-squeezers

1								2
	2	7				5	6	
	6			5			9	
			8	7	4			
		3		9		4		
			2	3	6			
	4			2			5	
	1	6				7	2	
3								1

I finished this in

My record is

brain-squeezers

(2)

8								6
	9						7	
		2	7	8	4	9		
	2						4	
4	8		9		6		2	5
	5						8	
		8	5	4	1	7		
	3						9	
5								4

I finished this in

My record is

brain-squeezers

		9	7	2				
		6				2	5	
			9				7	
2			1	6				
	5	4				6	1	
				5	4			3
	4				3			
	1	2				8		
			8	1	9			

I finished this in

My record is

brain-squeezers

7	9			3			4	1
		5	6		8	7		
		3	8		7	9		
8								5
		1	9		4	6		
		4	5		3	1		
5	3			8			2	6

I finished this in

My record is

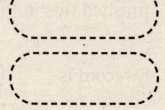

brain-squeezers

	2	1				5	7	
	5	3	8		4	9	2	
1				5				2
			6		2			
8				4				7
	1	4	3		9	2	8	
	3	8				1	6	

I finished this in

My record is

brain-squeezers

		7			4		3	
	1			5	9			
	5				2			6
2							7	9
		6				4		
5	4							2
4			9				6	
			2	3			9	
	8		5			2		

I finished this in

My record is

124

brain-squeezers

				4				
		5	7		8	9		
	1		2		9		7	
6	4			8			9	3
		9				6		
3	8			7			5	4
	9		6		3		2	
		6	4		1	5		
				2				

I finished this in

My record is

brain-squeezers

(8)

	5	1				4	8	
7			6		8			5
8								9
			7		5			
1		3	2		9	8		4
			8		1			
5								1
9			4		7			2
	4	7				6	9	

I finished this in

My record is

brain-squeezers

					7			
8	6			5				
4	3	5			8		1	
			6					3
	1	4				5	8	
3					2			
	2		9			6	5	8
					3		2	7
			5					

I finished this in

My record is

brain-squeezers

(10)

3				5	1	7		
4	2						3	
					2			1
		4	5				7	
	5			7			1	
	9				6	2		
8			7					
	6						5	7
		7	8	2				6

I finished this in

My record is

Solutions

6x6ers

1

6	3	2	1	4	5
5	1	4	3	6	2
2	5	3	6	1	4
4	6	1	5	2	3
3	2	6	4	5	1
1	4	5	2	3	6

6x6ers

(2)

5	6	4	2	3	1
2	1	3	5	6	4
6	2	5	1	4	3
3	4	1	6	2	5
4	5	2	3	1	6
1	3	6	4	5	2

6x6ers

(3)

6	2	1	3	5	4
4	5	3	6	2	1
3	6	4	5	1	2
5	1	2	4	3	6
2	3	6	1	4	5
1	4	5	2	6	3

6x6ers

(4)

2	5	4	6	1	3
3	1	6	4	5	2
1	2	3	5	6	4
4	6	5	3	2	1
6	3	2	1	4	5
5	4	1	2	3	6

6x6ers

(5)

6	2	3	1	5	4
1	5	4	6	3	2
4	1	2	3	6	5
3	6	5	2	4	1
2	4	6	5	1	3
5	3	1	4	2	6

6x6ers

(6)

2	3	4	5	1	6
1	6	5	4	3	2
6	1	3	2	4	5
5	4	2	3	6	1
4	5	6	1	2	3
3	2	1	6	5	4

6x6ers

(7)

1	2	5	4	6	3
4	6	3	2	1	5
6	4	2	3	5	1
3	5	1	6	4	2
2	1	6	5	3	4
5	3	4	1	2	6

6x6ers

(8)

6	5	4	2	3	1
2	1	3	4	5	6
3	2	6	5	1	4
1	4	5	6	2	3
5	6	1	3	4	2
4	3	2	1	6	5

6x6ers

9

2	3	4	1	6	5
1	6	5	4	3	2
4	2	3	6	5	1
6	5	1	2	4	3
3	1	6	5	2	4
5	4	2	3	1	6

6x6ers

(10)

2	6	5	1	4	3
3	4	1	2	6	5
1	5	6	4	3	2
4	2	3	6	5	1
5	1	4	3	2	6
6	3	2	5	1	4

brain-teasers

8	3	6	4	9	2	5	7	1
1	5	4	7	8	3	6	2	9
9	7	2	6	1	5	4	8	3
4	9	7	3	6	1	8	5	2
5	1	3	8	2	7	9	4	6
2	6	8	5	4	9	1	3	7
7	4	9	1	3	8	2	6	5
3	8	1	2	5	6	7	9	4
6	2	5	9	7	4	3	1	8

brain-teasers

(2)

8	1	9	6	7	5	3	2	4
6	4	2	9	8	3	7	5	1
5	3	7	1	2	4	8	6	9
4	2	6	5	9	7	1	8	3
7	9	5	3	1	8	6	4	2
1	8	3	4	6	2	5	9	7
3	5	8	7	4	9	2	1	6
2	6	4	8	3	1	9	7	5
9	7	1	2	5	6	4	3	8

brain-teasers

7	3	9	5	2	1	4	8	6
8	4	5	7	6	9	3	1	2
1	6	2	3	8	4	5	9	7
5	8	7	2	1	6	9	4	3
9	2	4	8	5	3	7	6	1
6	1	3	9	4	7	2	5	8
4	5	6	1	3	2	8	7	9
3	7	1	4	9	8	6	2	5
2	9	8	6	7	5	1	3	4

brain-teasers

2	5	3	9	8	7	6	4	1
8	1	6	3	5	4	9	7	2
9	7	4	6	2	1	5	3	8
3	4	2	8	7	5	1	6	9
6	8	5	4	1	9	3	2	7
1	9	7	2	6	3	8	5	4
7	3	8	1	4	6	2	9	5
4	6	1	5	9	2	7	8	3
5	2	9	7	3	8	4	1	6

brain-teasers

7	8	5	4	2	6	9	3	1
9	2	6	1	8	3	7	5	4
4	1	3	7	5	9	6	2	8
5	6	1	3	4	2	8	9	7
8	4	7	6	9	5	3	1	2
2	3	9	8	1	7	5	4	6
6	7	2	5	3	1	4	8	9
3	9	8	2	6	4	1	7	5
1	5	4	9	7	8	2	6	3

brain-teasers

6	5	2	7	8	3	4	9	1
3	8	9	1	2	4	6	7	5
1	4	7	9	5	6	8	3	2
5	6	4	2	7	8	3	1	9
8	7	1	4	3	9	2	5	6
2	9	3	6	1	5	7	8	4
4	1	8	5	6	7	9	2	3
9	3	5	8	4	2	1	6	7
7	2	6	3	9	1	5	4	8

brain-teasers

(7)

7	6	5	2	1	4	8	9	3
1	2	3	6	9	8	7	5	4
4	8	9	5	7	3	1	6	2
3	7	4	1	2	9	6	8	5
2	5	1	7	8	6	4	3	9
6	9	8	3	4	5	2	7	1
5	4	2	9	6	7	3	1	8
9	1	7	8	3	2	5	4	6
8	3	6	4	5	1	9	2	7

brain-teasers

(8)

6	8	1	3	5	9	7	2	4
2	3	4	8	6	7	5	1	9
5	9	7	4	1	2	3	8	6
9	6	5	2	4	1	8	3	7
4	7	2	5	3	8	9	6	1
8	1	3	9	7	6	2	4	5
7	4	8	6	9	3	1	5	2
1	2	6	7	8	5	4	9	3
3	5	9	1	2	4	6	7	8

brain-teasers

(9)

8	9	4	2	5	3	1	7	6
1	2	7	4	8	6	3	9	5
3	6	5	7	9	1	4	8	2
4	1	3	9	2	5	8	6	7
5	7	9	6	3	8	2	4	1
2	8	6	1	7	4	5	3	9
9	4	1	8	6	2	7	5	3
7	3	8	5	1	9	6	2	4
6	5	2	3	4	7	9	1	8

brain-teasers

1	3	2	5	6	8	4	7	9
7	6	5	9	2	4	1	3	8
9	8	4	3	7	1	6	5	2
8	5	6	7	9	2	3	1	4
4	9	1	6	8	3	5	2	7
3	2	7	4	1	5	9	8	6
2	1	9	8	5	6	7	4	3
6	4	8	1	3	7	2	9	5
5	7	3	2	4	9	8	6	1

brain-teasers

(11)

3	9	4	6	1	5	7	2	8
6	8	7	2	4	3	1	5	9
2	1	5	9	8	7	4	6	3
9	7	3	4	6	2	5	8	1
8	2	1	5	7	9	3	4	6
4	5	6	8	3	1	9	7	2
1	6	8	7	9	4	2	3	5
7	3	2	1	5	8	6	9	4
5	4	9	3	2	6	8	1	7

brain-teasers

(12)

9	4	8	6	5	1	2	7	3
1	2	6	9	3	7	8	5	4
3	7	5	8	2	4	6	9	1
2	9	4	3	1	6	7	8	5
8	5	3	4	7	9	1	2	6
7	6	1	2	8	5	4	3	9
4	3	9	7	6	8	5	1	2
6	1	7	5	9	2	3	4	8
5	8	2	1	4	3	9	6	7

brain-teasers

(13)

3	4	2	9	1	5	6	7	8
6	8	5	3	7	2	4	1	9
1	9	7	6	4	8	5	3	2
8	3	6	4	5	7	2	9	1
5	2	4	1	8	9	3	6	7
9	7	1	2	6	3	8	4	5
7	6	9	5	2	4	1	8	3
2	1	3	8	9	6	7	5	4
4	5	8	7	3	1	9	2	6

brain-teasers

(14)

9	1	7	4	6	8	5	3	2
8	4	3	7	2	5	1	6	9
5	6	2	3	9	1	4	7	8
1	9	8	5	4	3	6	2	7
4	2	5	8	7	6	9	1	3
7	3	6	2	1	9	8	5	4
2	8	9	6	5	7	3	4	1
3	5	4	1	8	2	7	9	6
6	7	1	9	3	4	2	8	5

brain-teasers

7	5	4	9	8	6	3	1	2
8	9	1	4	2	3	6	5	7
6	2	3	1	7	5	9	8	4
3	7	2	8	4	1	5	6	9
4	1	5	7	6	9	2	3	8
9	8	6	3	5	2	4	7	1
2	4	8	5	3	7	1	9	6
5	6	9	2	1	8	7	4	3
1	3	7	6	9	4	8	2	5

brain-teasers

7	1	9	3	2	6	5	8	4
8	2	6	5	7	4	3	9	1
3	5	4	9	8	1	6	7	2
5	6	3	8	9	2	1	4	7
2	7	1	4	5	3	8	6	9
4	9	8	1	6	7	2	3	5
6	8	2	7	1	9	4	5	3
1	4	7	6	3	5	9	2	8
9	3	5	2	4	8	7	1	6

brain-teasers

5	2	4	9	6	8	7	1	3
6	9	8	7	1	3	4	2	5
7	3	1	4	2	5	9	6	8
3	7	2	1	5	4	6	8	9
8	6	5	2	3	9	1	7	4
1	4	9	6	8	7	5	3	2
4	1	7	8	9	2	3	5	6
9	8	3	5	7	6	2	4	1
2	5	6	3	4	1	8	9	7

brain-teasers

5	2	7	9	1	6	3	4	8
4	3	1	2	5	8	7	9	6
9	8	6	4	7	3	1	5	2
8	6	3	1	9	5	4	2	7
1	4	9	6	2	7	8	3	5
2	7	5	3	8	4	9	6	1
6	9	8	5	4	1	2	7	3
7	5	2	8	3	9	6	1	4
3	1	4	7	6	2	5	8	9

brain-teasers

1	2	8	4	6	9	7	5	3
6	7	3	1	8	5	4	2	9
5	9	4	2	3	7	1	8	6
4	5	7	8	1	6	3	9	2
3	8	6	9	7	2	5	4	1
2	1	9	3	5	4	6	7	8
7	6	1	5	2	8	9	3	4
9	3	2	7	4	1	8	6	5
8	4	5	6	9	3	2	1	7

brain-teasers

8	7	6	9	1	5	2	4	3
4	1	2	6	8	3	9	7	5
3	5	9	7	4	2	8	1	6
2	6	4	8	7	9	3	5	1
1	9	7	5	3	6	4	2	8
5	8	3	1	2	4	6	9	7
9	4	1	3	6	7	5	8	2
6	2	8	4	5	1	7	3	9
7	3	5	2	9	8	1	6	4

brain-teasers

(21)

9	7	8	5	4	2	1	3	6
4	5	2	3	1	6	8	7	9
3	1	6	7	8	9	4	5	2
5	6	4	8	2	1	3	9	7
7	2	9	4	6	3	5	8	1
8	3	1	9	7	5	2	6	4
2	4	5	6	3	7	9	1	8
1	9	7	2	5	8	6	4	3
6	8	3	1	9	4	7	2	5

brain-teasers

1	6	4	7	3	9	5	2	8
8	5	7	4	6	2	3	1	9
9	2	3	8	1	5	6	7	4
6	8	2	5	4	3	1	9	7
3	4	1	9	8	7	2	5	6
7	9	5	6	2	1	4	8	3
4	7	9	2	5	6	8	3	1
5	1	8	3	9	4	7	6	2
2	3	6	1	7	8	9	4	5

brain-teasers

7	6	8	4	5	3	1	2	9
5	3	1	8	2	9	4	7	6
2	4	9	6	7	1	8	3	5
4	1	6	5	8	7	2	9	3
8	2	3	1	9	6	5	4	7
9	5	7	2	3	4	6	1	8
1	7	2	9	6	5	3	8	4
3	8	5	7	4	2	9	6	1
6	9	4	3	1	8	7	5	2

brain-teasers

2	9	3	6	8	1	5	7	4
7	8	5	2	9	4	1	6	3
4	6	1	7	5	3	9	2	8
6	4	8	5	3	7	2	9	1
9	1	2	4	6	8	3	5	7
5	3	7	9	1	2	4	8	6
1	5	6	8	4	9	7	3	2
3	7	9	1	2	6	8	4	5
8	2	4	3	7	5	6	1	9

brain-teasers

7	3	2	9	4	5	8	6	1
1	9	8	6	3	7	2	5	4
6	4	5	8	2	1	7	3	9
4	5	3	7	9	6	1	2	8
9	6	7	2	1	8	5	4	3
8	2	1	3	5	4	9	7	6
5	8	4	1	6	2	3	9	7
3	7	6	5	8	9	4	1	2
2	1	9	4	7	3	6	8	5

brain-teasers

5	9	7	1	4	8	3	2	6
6	8	3	2	9	5	1	4	7
2	4	1	3	7	6	5	9	8
3	6	9	8	5	7	4	1	2
8	5	2	9	1	4	6	7	3
1	7	4	6	2	3	8	5	9
4	1	8	7	6	2	9	3	5
7	3	5	4	8	9	2	6	1
9	2	6	5	3	1	7	8	4

brain-teasers

9	5	2	1	4	6	7	8	3
4	8	3	5	2	7	9	1	6
7	6	1	8	9	3	4	2	5
1	3	8	9	6	2	5	7	4
5	9	4	7	3	1	2	6	8
2	7	6	4	8	5	3	9	1
3	2	9	6	1	4	8	5	7
8	1	7	3	5	9	6	4	2
6	4	5	2	7	8	1	3	9

brain-teasers

6	5	2	9	1	3	4	8	7
7	9	4	2	8	5	6	3	1
3	1	8	7	6	4	5	2	9
2	7	3	5	9	1	8	6	4
9	6	1	4	3	8	7	5	2
8	4	5	6	7	2	1	9	3
5	2	6	3	4	7	9	1	8
1	3	7	8	5	9	2	4	6
4	8	9	1	2	6	3	7	5

brain-teasers

4	9	1	2	6	7	3	5	8
5	2	8	4	9	3	1	6	7
3	6	7	1	8	5	2	4	9
9	1	6	3	2	8	5	7	4
2	7	5	6	4	1	9	8	3
8	4	3	5	7	9	6	2	1
7	3	9	8	5	2	4	1	6
6	8	2	9	1	4	7	3	5
1	5	4	7	3	6	8	9	2

brain-teasers

7	3	4	9	1	8	5	6	2
1	2	6	3	5	7	8	4	9
8	5	9	2	4	6	1	3	7
6	7	5	8	2	4	9	1	3
9	4	8	5	3	1	7	2	6
3	1	2	7	6	9	4	5	8
5	8	1	6	7	3	2	9	4
2	9	3	4	8	5	6	7	1
4	6	7	1	9	2	3	8	5

brain-teasers

(31)

3	5	2	1	4	8	6	9	7
9	7	1	5	3	6	4	2	8
8	6	4	2	9	7	1	3	5
4	3	5	6	1	9	8	7	2
2	8	6	7	5	4	3	1	9
7	1	9	3	8	2	5	4	6
1	4	7	8	2	5	9	6	3
6	9	8	4	7	3	2	5	1
5	2	3	9	6	1	7	8	4

brain-teasers

4	7	9	3	2	6	8	5	1
2	3	5	7	8	1	9	6	4
6	1	8	5	9	4	7	2	3
7	5	6	4	3	8	2	1	9
1	9	3	6	5	2	4	8	7
8	2	4	1	7	9	6	3	5
5	6	1	2	4	7	3	9	8
9	4	2	8	1	3	5	7	6
3	8	7	9	6	5	1	4	2

brain-teasers

4	2	3	9	1	8	6	5	7
6	5	1	4	3	7	9	2	8
7	8	9	6	5	2	1	3	4
1	6	4	8	7	5	3	9	2
2	3	7	1	6	9	4	8	5
8	9	5	2	4	3	7	1	6
5	7	8	3	9	6	2	4	1
9	4	2	7	8	1	5	6	3
3	1	6	5	2	4	8	7	9

brain-teasers

9	7	1	5	3	4	6	2	8
5	4	3	6	8	2	7	9	1
2	6	8	1	7	9	5	3	4
3	9	2	8	5	1	4	7	6
4	8	7	9	2	6	3	1	5
6	1	5	3	4	7	9	8	2
1	2	9	7	6	5	8	4	3
8	5	4	2	9	3	1	6	7
7	3	6	4	1	8	2	5	9

brain-teasers

3	5	8	6	7	9	2	4	1
9	6	2	8	4	1	3	5	7
1	7	4	3	5	2	8	9	6
2	1	3	7	8	4	5	6	9
6	8	7	2	9	5	4	1	3
4	9	5	1	3	6	7	2	8
5	3	1	9	2	8	6	7	4
7	4	6	5	1	3	9	8	2
8	2	9	4	6	7	1	3	5

brain-teasers

3	7	4	9	5	1	6	8	2
5	9	2	6	8	7	4	3	1
6	8	1	4	3	2	9	5	7
4	1	8	7	6	3	2	9	5
2	6	9	5	4	8	7	1	3
7	5	3	2	1	9	8	4	6
8	3	6	1	7	4	5	2	9
9	4	5	3	2	6	1	7	8
1	2	7	8	9	5	3	6	4

brain-teasers

8	4	1	9	7	3	5	2	6
2	7	9	5	8	6	3	4	1
6	3	5	4	1	2	8	7	9
1	9	3	7	5	4	2	6	8
4	8	6	2	9	1	7	5	3
5	2	7	3	6	8	1	9	4
9	5	4	8	3	7	6	1	2
7	1	8	6	2	9	4	3	5
3	6	2	1	4	5	9	8	7

brain-teasers

(38)

7	3	8	6	2	1	4	5	9
9	2	4	5	3	8	7	1	6
6	1	5	9	4	7	3	2	8
2	8	3	4	1	6	5	9	7
1	5	6	8	7	9	2	3	4
4	9	7	3	5	2	6	8	1
8	7	1	2	6	3	9	4	5
5	6	2	1	9	4	8	7	3
3	4	9	7	8	5	1	6	2

brain-teasers

4	9	2	3	5	7	8	6	1
8	3	6	1	4	9	5	7	2
1	5	7	8	6	2	3	4	9
9	8	3	2	1	4	6	5	7
6	7	4	5	9	8	2	1	3
5	2	1	7	3	6	9	8	4
2	1	5	6	7	3	4	9	8
3	6	9	4	8	1	7	2	5
7	4	8	9	2	5	1	3	6

brain-teasers

2	4	7	9	5	6	8	3	1
1	6	8	3	2	4	9	5	7
5	9	3	1	8	7	2	4	6
8	7	4	6	9	3	1	2	5
3	1	9	2	7	5	4	6	8
6	5	2	8	4	1	3	7	9
4	3	5	7	1	9	6	8	2
9	8	6	5	3	2	7	1	4
7	2	1	4	6	8	5	9	3

brain-twisters

(1)

5	7	2	6	8	4	3	1	9
4	8	6	3	9	1	5	2	7
3	9	1	7	2	5	8	4	6
8	3	9	1	5	2	6	7	4
7	6	4	8	3	9	2	5	1
1	2	5	4	6	7	9	3	8
6	4	8	2	7	3	1	9	5
2	5	7	9	1	6	4	8	3
9	1	3	5	4	8	7	6	2

brain-twisters

(2)

1	9	5	2	6	8	7	4	3
4	3	8	7	5	1	9	6	2
7	2	6	3	4	9	1	5	8
9	4	7	5	8	3	2	1	6
6	1	2	9	7	4	8	3	5
5	8	3	1	2	6	4	9	7
2	5	4	6	9	7	3	8	1
3	7	9	8	1	5	6	2	4
8	6	1	4	3	2	5	7	9

brain-twisters

(3)

7	8	2	3	1	4	5	9	6
1	6	3	9	2	5	4	7	8
4	9	5	6	7	8	1	2	3
2	7	1	4	9	3	6	8	5
9	5	8	7	6	1	2	3	4
6	3	4	5	8	2	7	1	9
5	1	7	8	3	6	9	4	2
8	4	9	2	5	7	3	6	1
3	2	6	1	4	9	8	5	7

brain-twisters

5	3	2	8	4	9	6	1	7
8	1	6	5	3	7	2	9	4
4	9	7	2	6	1	8	5	3
1	8	9	6	2	3	7	4	5
3	6	4	9	7	5	1	2	8
7	2	5	1	8	4	9	3	6
6	5	1	3	9	8	4	7	2
2	4	3	7	1	6	5	8	9
9	7	8	4	5	2	3	6	1

brain-twisters

(5)

1	8	2	5	3	4	6	7	9
5	4	7	2	9	6	1	3	8
6	9	3	8	1	7	2	4	5
3	7	8	6	5	1	4	9	2
9	2	1	7	4	8	3	5	6
4	6	5	9	2	3	8	1	7
8	5	4	1	7	2	9	6	3
7	1	6	3	8	9	5	2	4
2	3	9	4	6	5	7	8	1

brain-twisters

6	1	5	9	4	2	3	8	7
8	4	7	3	5	1	2	6	9
9	2	3	8	7	6	4	1	5
4	7	9	2	1	5	6	3	8
1	6	8	4	9	3	7	5	2
5	3	2	6	8	7	9	4	1
7	8	6	1	3	9	5	2	4
2	9	1	5	6	4	8	7	3
3	5	4	7	2	8	1	9	6

brain-twisters

7	5	3	1	4	9	8	6	2
8	2	6	5	3	7	9	1	4
4	9	1	2	6	8	5	7	3
3	8	9	4	2	6	1	5	7
5	7	4	3	8	1	6	2	9
6	1	2	9	7	5	3	4	8
1	4	8	6	9	2	7	3	5
2	6	7	8	5	3	4	9	1
9	3	5	7	1	4	2	8	6

brain-twisters

(8)

6	9	8	2	7	1	3	5	4
1	5	7	4	3	6	2	8	9
2	4	3	9	8	5	1	6	7
3	8	5	1	4	2	7	9	6
4	7	6	8	9	3	5	1	2
9	1	2	6	5	7	4	3	8
5	2	1	7	6	8	9	4	3
8	3	4	5	2	9	6	7	1
7	6	9	3	1	4	8	2	5

brain-twisters

(9)

9	6	7	3	2	5	1	8	4
1	8	5	7	6	4	2	3	9
2	4	3	8	1	9	6	5	7
3	5	2	6	9	1	7	4	8
7	9	4	5	8	2	3	1	6
6	1	8	4	7	3	9	2	5
8	3	9	1	4	7	5	6	2
5	7	6	2	3	8	4	9	1
4	2	1	9	5	6	8	7	3

brain-twisters

(10)

9	3	4	5	7	6	8	2	1
1	7	2	9	8	4	5	3	6
6	5	8	1	3	2	7	9	4
2	1	7	8	9	3	4	6	5
3	9	5	6	4	7	1	8	2
4	8	6	2	5	1	9	7	3
7	2	9	3	1	5	6	4	8
8	6	1	4	2	9	3	5	7
5	4	3	7	6	8	2	1	9

brain-twisters

(11)

2	6	3	9	8	1	5	7	4
1	8	4	3	5	7	9	2	6
7	9	5	2	4	6	1	3	8
9	2	8	5	6	4	7	1	3
4	5	7	8	1	3	6	9	2
6	3	1	7	2	9	4	8	5
8	1	2	6	7	5	3	4	9
3	7	6	4	9	2	8	5	1
5	4	9	1	3	8	2	6	7

brain-twisters

(12)

1	5	4	8	3	2	9	6	7
6	9	2	7	1	4	3	5	8
7	3	8	5	6	9	1	2	4
4	7	3	1	9	6	5	8	2
2	6	5	3	8	7	4	1	9
8	1	9	2	4	5	7	3	6
5	8	6	9	7	1	2	4	3
3	2	7	4	5	8	6	9	1
9	4	1	6	2	3	8	7	5

brain-twisters

7	3	9	8	1	5	4	2	6
2	4	5	6	9	7	8	1	3
8	1	6	4	3	2	7	9	5
3	5	8	7	4	9	1	6	2
1	9	2	3	6	8	5	4	7
6	7	4	2	5	1	9	3	8
5	6	3	1	8	4	2	7	9
9	2	1	5	7	6	3	8	4
4	8	7	9	2	3	6	5	1

brain-twisters

6	7	1	4	9	8	5	2	3
2	4	5	3	1	7	9	6	8
8	3	9	6	5	2	1	7	4
9	8	4	1	2	3	7	5	6
3	1	2	5	7	6	4	8	9
5	6	7	9	8	4	3	1	2
7	2	3	8	4	1	6	9	5
4	9	8	7	6	5	2	3	1
1	5	6	2	3	9	8	4	7

brain-twisters

(15)

6	5	7	4	9	3	2	8	1
4	8	2	6	5	1	7	3	9
9	1	3	2	8	7	5	6	4
7	6	4	3	2	9	8	1	5
5	9	8	7	1	6	4	2	3
2	3	1	5	4	8	9	7	6
8	2	9	1	3	4	6	5	7
1	7	5	9	6	2	3	4	8
3	4	6	8	7	5	1	9	2

brain-twisters

5	4	1	6	8	7	2	3	9
9	7	3	4	2	1	6	8	5
6	2	8	5	3	9	7	4	1
4	3	9	2	1	5	8	6	7
8	1	2	9	7	6	4	5	3
7	5	6	8	4	3	9	1	2
1	9	7	3	6	8	5	2	4
2	8	5	1	9	4	3	7	6
3	6	4	7	5	2	1	9	8

17

4	1	8	7	5	3	2	6	9
5	3	7	9	6	2	4	8	1
9	6	2	1	8	4	7	3	5
1	8	3	6	4	5	9	7	2
7	5	4	2	3	9	6	1	8
2	9	6	8	7	1	5	4	3
8	4	9	3	2	7	1	5	6
3	7	1	5	9	6	8	2	4
6	2	5	4	1	8	3	9	7

brain-twisters

(18)

1	5	8	9	7	2	4	3	6
3	6	9	4	5	8	7	2	1
4	7	2	3	1	6	5	9	8
5	9	3	2	4	1	8	6	7
7	1	6	5	8	9	2	4	3
2	8	4	6	3	7	1	5	9
8	4	5	7	9	3	6	1	2
9	2	1	8	6	4	3	7	5
6	3	7	1	2	5	9	8	4

brain-twisters

(19)

4	1	8	3	2	6	7	5	9
7	9	2	1	8	5	3	4	6
5	6	3	7	4	9	8	1	2
2	3	5	6	9	7	1	8	4
8	4	1	2	5	3	6	9	7
6	7	9	4	1	8	2	3	5
9	8	7	5	6	1	4	2	3
3	5	4	8	7	2	9	6	1
1	2	6	9	3	4	5	7	8

brain-twisters

3	6	8	5	1	7	2	9	4
4	5	1	3	2	9	8	7	6
2	7	9	8	4	6	1	3	5
8	4	2	9	6	3	5	1	7
1	9	5	7	8	4	3	6	2
6	3	7	1	5	2	4	8	9
7	1	4	6	3	5	9	2	8
5	8	6	2	9	1	7	4	3
9	2	3	4	7	8	6	5	1

brain-twisters

(21)

3	8	2	5	1	9	7	4	6
6	1	7	3	2	4	5	8	9
4	9	5	6	8	7	2	3	1
9	7	3	8	5	2	1	6	4
1	6	4	9	7	3	8	2	5
5	2	8	1	4	6	3	9	7
7	3	6	2	9	5	4	1	8
2	5	1	4	6	8	9	7	3
8	4	9	7	3	1	6	5	2

brain-twisters

(22)

2	8	9	6	4	7	1	3	5
3	4	7	1	8	5	2	9	6
1	5	6	9	2	3	4	8	7
8	6	5	3	1	4	7	2	9
7	9	3	2	6	8	5	1	4
4	2	1	7	5	9	3	6	8
5	1	8	4	3	6	9	7	2
9	3	4	8	7	2	6	5	1
6	7	2	5	9	1	8	4	3

brain-twisters

6	9	5	3	2	8	1	4	7
1	3	2	6	7	4	9	5	8
7	8	4	1	9	5	3	6	2
5	7	6	4	8	1	2	9	3
3	1	8	9	5	2	6	7	4
2	4	9	7	6	3	8	1	5
9	2	7	8	4	6	5	3	1
8	6	1	5	3	7	4	2	9
4	5	3	2	1	9	7	8	6

brain-twisters

9	5	1	3	7	6	4	2	8
2	6	7	9	8	4	1	3	5
8	3	4	1	5	2	6	7	9
5	4	3	2	6	1	9	8	7
7	9	2	5	4	8	3	6	1
1	8	6	7	3	9	5	4	2
3	2	9	4	1	7	8	5	6
6	7	5	8	9	3	2	1	4
4	1	8	6	2	5	7	9	3

brain-twisters

9	8	7	2	1	6	5	3	4
4	6	2	8	3	5	1	9	7
5	3	1	7	4	9	6	2	8
2	1	9	6	7	4	3	8	5
8	5	3	9	2	1	4	7	6
7	4	6	3	5	8	9	1	2
3	7	4	1	6	2	8	5	9
1	9	5	4	8	7	2	6	3
6	2	8	5	9	3	7	4	1

brain-twisters

7	6	1	3	4	8	9	5	2
5	2	9	1	7	6	8	4	3
3	8	4	5	2	9	1	7	6
4	5	2	9	8	1	6	3	7
1	7	6	2	5	3	4	8	9
8	9	3	4	6	7	2	1	5
2	1	8	6	3	5	7	9	4
9	4	5	7	1	2	3	6	8
6	3	7	8	9	4	5	2	1

brain-twisters

(27)

1	6	9	2	3	7	5	8	4
4	5	7	1	8	6	9	3	2
2	8	3	9	5	4	1	6	7
9	1	8	6	7	3	2	4	5
7	2	5	8	4	9	3	1	6
6	3	4	5	2	1	7	9	8
3	4	1	7	6	5	8	2	9
5	9	2	4	1	8	6	7	3
8	7	6	3	9	2	4	5	1

brain-twisters

6	9	2	7	4	5	8	3	1
1	7	5	3	8	6	9	2	4
3	8	4	2	1	9	5	6	7
2	5	6	4	9	1	7	8	3
8	1	3	6	7	2	4	5	9
9	4	7	5	3	8	6	1	2
7	2	8	9	5	3	1	4	6
5	6	9	1	2	4	3	7	8
4	3	1	8	6	7	2	9	5

brain-twisters

1	3	8	2	5	9	7	4	6
6	2	4	8	1	7	3	5	9
7	9	5	4	3	6	8	2	1
5	4	2	6	9	3	1	8	7
9	7	6	5	8	1	2	3	4
3	8	1	7	4	2	9	6	5
8	1	7	3	6	4	5	9	2
4	5	9	1	2	8	6	7	3
2	6	3	9	7	5	4	1	8

brain-twisters

3	5	4	1	8	6	9	7	2
1	7	6	5	9	2	4	3	8
8	9	2	7	4	3	1	6	5
7	4	1	9	3	5	8	2	6
5	2	3	4	6	8	7	1	9
9	6	8	2	7	1	3	5	4
4	1	7	6	5	9	2	8	3
6	3	9	8	2	7	5	4	1
2	8	5	3	1	4	6	9	7

brain-twisters

5	3	9	7	4	8	6	2	1
2	1	6	5	9	3	4	7	8
4	7	8	1	6	2	3	5	9
3	6	1	8	5	9	2	4	7
8	5	2	3	7	4	1	9	6
7	9	4	2	1	6	8	3	5
6	4	7	9	2	1	5	8	3
1	8	5	4	3	7	9	6	2
9	2	3	6	8	5	7	1	4

brain- twisters

4	6	5	3	8	7	9	1	2
2	3	9	4	6	1	7	5	8
7	8	1	2	5	9	3	6	4
5	9	7	1	4	6	8	2	3
1	2	8	5	9	3	6	4	7
6	4	3	7	2	8	1	9	5
9	1	2	8	3	4	5	7	6
8	5	6	9	7	2	4	3	1
3	7	4	6	1	5	2	8	9

brain-twisters

3	9	4	6	5	1	8	7	2
2	8	7	4	9	3	6	5	1
5	1	6	7	8	2	3	9	4
8	7	5	2	6	9	1	4	3
4	2	1	3	7	5	9	6	8
9	6	3	8	1	4	5	2	7
6	4	8	5	3	7	2	1	9
1	3	2	9	4	6	7	8	5
7	5	9	1	2	8	4	3	6

brain-twisters

4	3	8	9	7	6	1	2	5
1	6	7	5	2	3	9	4	8
9	2	5	4	1	8	6	7	3
3	7	6	2	9	4	5	8	1
2	1	4	8	6	5	7	3	9
5	8	9	7	3	1	2	6	4
7	5	3	6	8	9	4	1	2
8	4	2	1	5	7	3	9	6
6	9	1	3	4	2	8	5	7

brain-twisters

5	8	9	1	2	4	3	6	7
6	3	2	9	5	7	1	8	4
1	7	4	6	8	3	9	2	5
4	6	7	8	9	5	2	1	3
8	2	3	4	7	1	6	5	9
9	1	5	2	3	6	4	7	8
3	5	6	7	1	9	8	4	2
2	9	1	5	4	8	7	3	6
7	4	8	3	6	2	5	9	1

brain-twisters

36

3	4	5	2	9	1	7	8	6
2	9	1	7	6	8	3	5	4
6	7	8	4	5	3	9	2	1
1	2	4	9	7	5	6	3	8
9	8	3	1	4	6	5	7	2
7	5	6	8	3	2	1	4	9
4	6	2	5	1	7	8	9	3
5	3	9	6	8	4	2	1	7
8	1	7	3	2	9	4	6	5

brain-twisters

5	3	1	9	7	8	6	2	4
9	6	2	5	1	4	3	8	7
7	4	8	3	6	2	1	5	9
1	2	7	4	8	3	5	9	6
8	9	4	7	5	6	2	1	3
6	5	3	2	9	1	4	7	8
4	1	5	8	3	7	9	6	2
3	8	9	6	2	5	7	4	1
2	7	6	1	4	9	8	3	5

brain-twisters

6	8	2	7	1	5	4	9	3
9	3	5	6	8	4	2	1	7
1	4	7	3	2	9	8	6	5
4	7	1	8	5	6	3	2	9
3	2	6	4	9	1	5	7	8
5	9	8	2	7	3	6	4	1
8	1	9	5	4	2	7	3	6
2	5	3	9	6	7	1	8	4
7	6	4	1	3	8	9	5	2

brain-twisters

7	1	9	5	2	6	4	8	3
5	2	4	3	9	8	7	6	1
3	8	6	7	4	1	2	9	5
1	3	8	2	6	4	5	7	9
2	9	5	8	1	7	6	3	4
6	4	7	9	3	5	1	2	8
4	5	2	6	8	3	9	1	7
9	7	3	1	5	2	8	4	6
8	6	1	4	7	9	3	5	2

brain-twisters

5	7	8	9	6	1	4	2	3
3	6	9	5	2	4	7	1	8
2	1	4	3	8	7	5	6	9
6	2	5	7	4	8	9	3	1
7	4	1	6	3	9	2	8	5
8	9	3	1	5	2	6	4	7
4	8	7	2	1	5	3	9	6
9	3	2	8	7	6	1	5	4
1	5	6	4	9	3	8	7	2

brain-squeezers

1

1	3	5	4	6	9	8	7	2
9	2	7	3	1	8	5	6	4
4	6	8	7	5	2	1	9	3
6	9	1	8	7	4	2	3	5
2	7	3	1	9	5	4	8	6
5	8	4	2	3	6	9	1	7
7	4	9	6	2	1	3	5	8
8	1	6	5	4	3	7	2	9
3	5	2	9	8	7	6	4	1

brain-squeezers

8	4	7	3	9	5	2	1	6
3	9	5	6	1	2	4	7	8
6	1	2	7	8	4	9	5	3
7	2	6	1	5	8	3	4	9
4	8	3	9	7	6	1	2	5
1	5	9	4	2	3	6	8	7
9	6	8	5	4	1	7	3	2
2	3	4	8	6	7	5	9	1
5	7	1	2	3	9	8	6	4

brain-squeezers

4	3	9	7	2	5	1	8	6
1	7	6	4	3	8	2	5	9
8	2	5	9	1	6	3	7	4
2	8	3	1	6	7	4	9	5
7	5	4	3	9	2	6	1	8
6	9	1	8	5	4	7	2	3
9	4	8	2	7	3	5	6	1
5	1	2	6	4	9	8	3	7
3	6	7	5	8	1	9	4	2

brain-squeezers

7	9	6	2	3	5	8	4	1
4	8	2	7	9	1	5	6	3
3	1	5	6	4	8	7	9	2
6	5	3	8	2	7	9	1	4
8	4	9	3	1	6	2	7	5
2	7	1	9	5	4	6	3	8
9	2	4	5	6	3	1	8	7
1	6	8	4	7	2	3	5	9
5	3	7	1	8	9	4	2	6

brain-squeezers

9	8	7	2	1	5	4	3	6
4	2	1	9	3	6	5	7	8
6	5	3	8	7	4	9	2	1
1	4	6	7	5	8	3	9	2
3	7	5	6	9	2	8	1	4
8	9	2	1	4	3	6	5	7
7	1	4	3	6	9	2	8	5
5	3	8	4	2	7	1	6	9
2	6	9	5	8	1	7	4	3

brain-squeezers

9	2	7	6	8	4	5	3	1
6	1	4	3	5	9	7	2	8
8	5	3	1	7	2	9	4	6
2	3	8	4	6	5	1	7	9
7	9	6	8	2	1	4	5	3
5	4	1	7	9	3	6	8	2
4	7	2	9	1	8	3	6	5
1	6	5	2	3	7	8	9	4
3	8	9	5	4	6	2	1	7

brain-squeezers

9	6	7	3	4	5	2	1	8
2	3	5	7	1	8	9	4	6
4	1	8	2	6	9	3	7	5
6	4	1	5	8	2	7	9	3
5	7	9	1	3	4	6	8	2
3	8	2	9	7	6	1	5	4
7	9	4	6	5	3	8	2	1
8	2	6	4	9	1	5	3	7
1	5	3	8	2	7	4	6	9

brain-squeezers

(8)

6	5	1	9	2	3	4	8	7
7	9	4	6	1	8	3	2	5
8	3	2	5	7	4	1	6	9
4	8	9	7	3	5	2	1	6
1	7	3	2	6	9	8	5	4
2	6	5	8	4	1	9	7	3
5	2	8	3	9	6	7	4	1
9	1	6	4	8	7	5	3	2
3	4	7	1	5	2	6	9	8

brain-squeezers

2	9	1	3	4	7	8	6	5
8	6	7	1	5	9	2	3	4
4	3	5	2	6	8	7	1	9
7	8	2	6	1	5	4	9	3
6	1	4	7	9	3	5	8	2
3	5	9	4	8	2	1	7	6
1	2	3	9	7	4	6	5	8
5	4	6	8	3	1	9	2	7
9	7	8	5	2	6	3	4	1

brain-squeezers

3	8	9	4	5	1	7	6	2
4	2	1	6	8	7	5	3	9
5	7	6	9	3	2	4	8	1
2	1	4	5	9	8	6	7	3
6	5	3	2	7	4	9	1	8
7	9	8	3	1	6	2	4	5
8	3	5	7	6	9	1	2	4
9	6	2	1	4	3	8	5	7
1	4	7	8	2	5	3	9	6

Puzzles by Pappocom presents

www.sudoku.com

the Su Doku website for all Su Doku fans. Check it out for tips on solving, and for all the latest news in the world of Sudoku.

Want more puzzles of your favorite grade?

For an endless supply of the best Su Doku puzzles get the **Sudoku program** for your Windows PC. Download a 28-day free try-out version of the program from www.sudoku.com/download.htm

Here's what you can do with the computer program that you cannot do with pencil and paper:

- Never run out of the grade of puzzle you enjoy the most
- Check if your answer is correct with just one click
- Elect to be alerted if you make a wrong entry
- Delete numbers easily, with just a click
- Elect to have your puzzles timed, automatically
- Get hints, if you need them
- Replay the same puzzle, as many times as you like